1 POT PASTA

Aromen aus aller Welt

30 neue Nudelgerichte aus einem Topf

CREATISSIMO

EMF

EIN BUCH DER EDITION MICHAEL FISCHER

Inhalt

1 POT PASTA
Aromen aus aller Welt

Italienisch, französisch, thailändisch, orientalisch oder ungarisch – die Küchen der Länder und Regionen unserer Erde haben viele wunderbare Geschmacksrichtungen hervorgebracht. Die 30 Pastagerichte in diesem Buch sind von diesen Aromen aus aller Welt inspiriert. Durch scharfe, süße oder säuerliche Gewürze, knackiges Gemüse, süße Früchte oder aromatische Kräuter bekommt jede Kreation ihren ganz eigenen Geschmack. Der Clou: Alle Rezepte lassen sich in nur einem einzigen Topf zubereiten – One Pot Pasta eben!

Zusätzliche Töpfe oder Pfannen für Soßen, Gemüsebeilagen, Fleisch oder Fisch werden nicht benötigt, denn alle Zutaten kochen zusammen mit den Nudeln in einem Topf und werden so besonders aromatisch. Logisch: Kocht man Nudeln ganz einfach in Salzwasser, werden sie auch nur danach schmecken. Gibt man hingegen Zwiebeln, Knoblauch, Tomaten, Curry oder Thymianblätter mit ins Wasser, saugen sich die Nudeln beim Kochen mit all den feinen Aromen voll und bringen jede Menge Geschmack auf den Teller.

Die Begeisterung für das Buch „1 Pot Pasta… basta!", das 2016 innerhalb kurzer Zeit zum Bestseller geworden ist, hat dem ursprünglich aus den USA stammenden One-Pot-Pasta-Trend recht gegeben: Nudelgerichte, die mit tollen Zutaten in nur einem Topf gekocht werden, schmecken einfach wunderbar und sind zugleich eine tolle Sache für alle, die lieber kochen als abwaschen. Nachdem im ersten Band die One-Pot-Varianten für viele beliebte Klassiker präsentiert wurden, wie Pasta Pomodoro, Bolognese oder Funghi, folgen in diesem Buch nun von der internationalen Küche inspirierte Kreationen. Zum Beispiel aus Italien (Caponata-Style), aus Südafrika (Chakalaka-Style), aus den USA (Burger-Style) oder aus Thailand (Green-Thai-Curry-Style).

Für alle, die selbst mit One Pot Pasta experimentieren möchten, kommt hier noch einmal die Formel: Auf einen Teil Nudeln (250 g) kommen zwei Teile Flüssigkeit (500 ml) – bestenfalls eine aromatische Brühe, Kokosmilch oder passierte Tomaten, also all das, was den Nudeln einen tollen Geschmack gibt und zum Gericht passt. Gekocht wird mit Deckel – so wird Energie gespart und der Geschmack bleibt im Topf. Regelmäßig umrühren nicht vergessen! Schließlich ist nur so viel Flüssigkeit im Topf, wie die Nudeln auch aufnehmen sollen. Also aufpassen, dass nichts anbrennt! Dickere oder aufwendig geformte Nudeln, wie etwa Conchiglie oder auch Farfalle, brauchen eine etwas längere Kochzeit (1–2 Minuten) und möglicherweise auch einen ganz kleinen Teil mehr Flüssigkeit als zum Beispiel Spaghetti (50 ml) – hier einfach ausprobieren und herantasten. Denn: Jede Nudel tickt ein wenig anders.

Und jetzt: Ran an den Topf und guten Appetit! Letzter Tipp: Das Gericht immer möglichst schnell nach dem Kochen servieren – One Pot Pasta schmeckt frisch gekocht am besten!

PASTA Antipasti

Für 2–3 Personen

1 Gemüsezwiebel, fein gewürfelt
2 Knoblauchzehen, fein gewürfelt
100 g grüne Oliven
100 g Kalamata-Oliven
150 g eingelegte Paprika, gewürfelt
150 g getrocknete Tomaten (eingelegt), in Streifen
150 g Kirschtomaten, halbiert
6–8 Mini-Artischockenherzen (eingelegt), halbiert oder geviertelt
je ½ TL Thymian und Rosmarin, getrocknet
Chiliflocken
½ TL Salz
1 TL Zucker oder Honig
500 g passierte Tomaten
250 ml Gemüsebrühe
250 g Spaghetti
Salz, Pfeffer
80–100 g Parmesankäse, frisch gerieben

So manch einer könnte sich von diesen Vorspeisen beim Italiener gleich satt essen: Leckere Antipasti sind etwas richtig Feines. Ganz gleich ob Paprika, Oliven oder Tomaten – in Kombination mit gutem Olivenöl und aromatischen Kräutern werden sie zu Stars auf dem Tisch. Erst recht, wenn noch Nudeln dazukommen!

1. Zwiebeln, Knoblauch, Oliven (Steine vor dem Kochen entfernen), Paprika, getrocknete Tomaten, Kirschtomaten, Artischockenherzen, getrocknete Kräuter, Chili, Salz, Zucker oder Honig, passierte Tomaten und die Gemüsebrühe in einen großen Kochtopf geben und unter Rühren zum Kochen bringen.
2. Die Spaghetti zufügen, alle Zutaten gut vermengen und im geschlossenen Topf bei mittlerer Hitze rund 10–11 Minuten kochen lassen, dabei sehr regelmäßig umrühren, sodass nichts am Topfboden ansetzt.
3. Sobald die Nudeln die gewünschte Konsistenz erreicht haben, die One Pot Pasta mit Salz und Pfeffer abschmecken und sofort mit frisch geriebenem Parmesankäse bestreut servieren.

SCHALOTTEN Rotwein & Gorgonzola

Für 2–3 Personen

6–8 Schalotten, fein gewürfelt
1–2 Knoblauchzehen, fein gewürfelt
1 TL Thymian, getrocknet
150 g getrocknete Tomaten (eingelegt), in Streifen
300 g Kirschtomaten, halbiert oder geviertelt
½ TL Salz
1 TL Honig
250 g Fusilli
400 ml Gemüsebrühe
100 ml Rotwein
2 TL dunkler, dickflüssiger Balsamicoessig
100 g Gorgonzola
Salz, Pfeffer
1–2 Handvoll Walnusskerne, geröstet und gehackt

Kräftiger Gorgonzola, würzige, leicht süße Schalotten und Rotwein bilden die perfekte Basis für dieses leckere Gericht, das zugegebenermaßen schnell süchtig macht und definitiv das Zeug zur Lieblingspasta hat!

1. Schalotten, Knoblauch, Thymian, getrocknete Tomaten, Kirschtomaten, Salz, Honig, Nudeln, Gemüsebrühe und Rotwein in einen großen Kochtopf geben und unter Rühren zum Kochen bringen.
2. Die One Pot Pasta bei mittlerer Hitze im geschlossenen Topf etwa 12 Minuten kochen lassen, dabei immer wieder umrühren. Kurz vor Ende der Garzeit den Balsamcioessig und den fein gezupften Gorgonzola unterheben und kurz mitkochen lassen. Mit Salz und Pfeffer abschmecken.
3. Die One Pot Pasta sofort auf Tellern anrichten und mit gerösteten Walnusskernen bestreut servieren.

Erbsen, Minze & Büffelmozzarella

Für 2 Personen

1 Zwiebel, fein gewürfelt
250 g Penne rigate
400 g Erbsen (tiefgefroren oder frisch)
½ TL Salz
1 Prise Zucker
500 ml Gemüsebrühe
125 g Büffelmozzarella, gewürfelt
2–3 EL Olivenöl
Saft und geriebene Schale von ½ Bio-Zitrone
3–4 Zweige Minzblätter, fein geschnitten
Salz, Pfeffer

Hier lohnt sich der Griff zum echten Büffelmozzarella! Durch diese Spezialität aus Italien erhält die ohnehin schon feine Kombination aus Erbsen und Minze das entscheidende i-Tüpfelchen. Noch etwas Zitrone dazu – fertig ist die perfekte Sommerpasta!

1. Zwiebeln, Nudeln, Erbsen, Salz, Zucker und Gemüsebrühe in einen großen Kochtopf geben und unter Rühren zum Kochen bringen. Die One Pot Pasta bei mittlerer Hitze im geschlossenen Topf etwa 10–12 Minuten kochen lassen, dabei immer wieder umrühren.
2. Sobald die Nudeln die gewünschte Konsistenz erreicht haben, den Mozzarella, das Olivenöl, Zitronenschale und -saft sowie die Minzblätter zufügen, alles gut vermengen und 1–2 Minuten mit erwärmen, bis der Käse geschmolzen ist.
3. Die One Pot Pasta mit Salz und Pfeffer abschmecken und direkt servieren.

ROSENKOHL
Sauerkirschen & Schinken

Für 2–3 Personen

1 Schalotte, fein gewürfelt

1 Knoblauchzehe, fein gewürfelt

500 g kleine Rosenkohlröschen, halbiert oder geviertelt

3 EL getrocknete Sauerkirschen

100 g geräucherte Schinkenwürfel

250 g Fusilli

½ TL Salz

1 TL Ras-el-Hanout-Gewürzmischung

150 ml Sahne

400 ml Gemüsebrühe

Salz, Pfeffer

1–2 Handvoll Walnusskerne, geröstet und gehackt

Knackiger Rosenkohl trifft auf getrocknete Sauerkirschen, orientalische Gewürze und kräftige Schinkenwürfel. Klingt besonders? Stimmt! Und schmeckt nach einem absoluten Geheimtipp!

1. Schalotten, Knoblauch, Rosenkohlröschen, getrocknete Sauerkirschen, Schinkenwürfel, Nudeln, Salz, Ras-el-Hanout-Gewürzmischung, Sahne und Gemüsebrühe in einen großen Kochtopf geben und unter Rühren zum Kochen bringen.
2. Die One Pot Pasta bei mittlerer Hitze im geschlossenen Topf etwa 12 Minuten kochen lassen, dabei immer wieder umrühren.
3. Sobald die Nudeln die gewünschte Konsistenz erreicht haben, die One Pot Pasta mit Salz und Pfeffer abschmecken und sofort mit gerösteten Walnusskernen bestreut servieren.

ROTE BETE
Feta & Trauben

Für 2–3 Personen

2–3 Schalotten, fein gewürfelt

500 g Rote-Bete-Kugeln (fertig gegart), gewürfelt

200 g rote Weintrauben (kernlos)

250 g Fusilli

Chiliflocken oder frische Chilistücke nach Geschmack

1 TL Thymianblätter, getrocknet

½ TL Salz

250 ml Rote-Bete-Saft

250 ml Gemüsebrühe

200 g Fetakäse

2–3 EL Olivenöl

Salz, Pfeffer

1–2 Handvoll Kürbiskerne, geröstet und gehackt

Mit diesem Gericht kommt Farbe auf den Teller! Die Mischung aus Rote Bete, roten Trauben, Fetakäse, Thymian und Kürbiskernen lohnt sich aber nicht nur optisch. Alles andere als klassisch – und ganz besonders lecker zu einem Glas Rotwein. Unbedingt ausprobieren!

1. Schalotten, Rote Bete, Weintrauben, Nudeln, Chili, Thymian, Salz, Rote-Bete-Saft und Gemüsebrühe in einen großen Kochtopf geben und unter Rühren zum Kochen bringen.
2. Die One Pot Pasta bei mittlerer Hitze im geschlossenen Topf etwa 10–12 Minuten kochen lassen, dabei immer wieder umrühren.
3. Kurz vor Ende der Garzeit den Fetakäse unterheben und 1–2 Minuten mitkochen und leicht schmelzen lassen. Die One Pot Pasta mit Olivenöl, Salz und Pfeffer abschmecken und sofort mit gerösteten Kürbiskernen bestreut servieren.

TIPP

Jedes Currypulver schmeckt ein bisschen anders – immer abhängig von der jeweiligen Mischung der enthaltenen Gewürze. So verändert sich mit einem scharfen, fruchtigen oder eher milden Currypulver auch der Geschmack der One Pot Pasta.

POMODORO & Curry

Für 2–3 Personen

3 Schalotten, fein gewürfelt
2 Knoblauchzehen, fein gewürfelt
1 TL italienische Kräuter, getrocknet
500 g Kirschtomaten, halbiert oder geviertelt
1 geh. TL Currypulver
500 ml Gemüsebrühe
½ TL Salz
1 TL Honig
250 g Spaghetti
3 EL Olivenöl
Salz, Pfeffer

Nudeln mit Tomatensoße kennt jeder. Durch orientalische Gewürze wie Chili, Zimt, Ingwer, Pfeffer, Sternanis, Kurkuma und Kreuzkümmel (alles Bestandteile einer Curry-Gewürzmischung) bekommt der italienische Klassiker Pasta Pomodoro in dieser Version ein neues Gesicht! Wer mag, verwendet Tomaten in verschiedenen Farben.

1. Schalotten, Knoblauch, Kräuter, Kirschtomaten, Currypulver, Gemüsebrühe, Salz und Honig in einen großen Kochtopf geben und unter Rühren zum Kochen bringen.
2. Die Spaghetti hinzufügen, alles gut vermengen und die One Pot Pasta etwa 10 Minuten kochen lassen, dabei sehr regelmäßig umrühren.
3. Sobald die Nudeln die gewünschte Konsistenz erreicht haben, das Olivenöl unterheben, die One Pot Pasta mit Salz und Pfeffer abschmecken und sofort servieren.

PASTA mit Mango & Bacon

Für 2–3 Personen

1 Zwiebel, fein gewürfelt
1 Knoblauchzehe, fein gewürfelt
400 g Kirschtomaten, halbiert oder geviertelt
1 Bund Lauchzwiebeln, in feinen Ringen
6 Scheiben Bacon oder Bauchspeck, gewürfelt
1 Mango, gewürfelt
1 TL Zatar-Gewürzmischung
½ TL Salz
250 g Fusilli
500 ml Gemüsebrühe
Salz, Pfeffer
1 Handvoll Pistazienkerne, gehackt
Salz, Pfeffer

Süß und herzhaft müssen sich nicht widersprechen. Ganz im Gegenteil: Sie sollten viel öfter ein Team werden. Durch den kräftigen Bauchspeck wird die süße Tomaten-Mango-Pasta wunderbar würzig und ganz schnell zum Lunch- oder Dinner-Liebling!

1. Zwiebeln, Knoblauch, Kirschtomaten, Lauchzwiebeln, Speck, Mango, Zatar-Gewürzmischung, Salz, Nudeln und Gemüsebrühe in einen großen Kochtopf geben und unter Rühren zum Kochen bringen.
2. Die One Pot Pasta bei mittlerer Hitze im geschlossenen Topf etwa 10–12 Minuten kochen lassen, dabei immer wieder umrühren.
3. Sobald die Nudeln die gewünschte Konsistenz erreicht haben, die One Pot Pasta mit Salz und Pfeffer abschmecken und sofort mit Pistazienkernen bestreut servieren.

PASTA Chakalaka-Style

Für 3 Personen

2 rote Zwiebeln, fein gewürfelt

1–2 Knoblauchzehen, fein gewürfelt

1 Stückchen Ingwer (2–3 cm), fein gerieben

1 ½ TL Currypulver

Chiliflocken oder frische Chilistücke nach Geschmack

2 Möhren, fein gewürfelt

3 Paprikaschoten (bunt), fein gewürfelt

250 g Kirschtomaten, halbiert oder geviertelt

300 g Weißkohl, in feinen Streifen

150 g weiße Bohnen

1 TL Salz

½ TL Honig

250 g Fusilli

500 ml Gemüsebrühe

3 EL Olivenöl

Salz, Pfeffer

Abrieb von ½ Bio-Zitrone

Honig oder Ahornsirup nach Geschmack

Die südafrikanische Würzsoße Chakalaka passt zu Fleisch vom Grill, zum Gemüse aus der Pfanne und natürlich auch zu Nudeln! Die Hauptbestandteile der Soße – Zwiebeln, Weißkohl, Paprika, Möhren, Ingwer, Curry, Chili und Tomaten – bieten sich geradezu für ein schnelles One-Pot-Pasta-Gericht an. Je nach gewünschter Schärfe einfach mit der Menge von Chili und Ingwer variieren.

1. Zwiebeln, Knoblauch, Ingwer, Currypulver, Chili, Möhren, Paprika, Kirschtomaten, Weißkohl, weiße Bohnen, Salz, Honig, Nudeln und Gemüsebrühe in einen großen Kochtopf geben und unter Rühren zum Kochen bringen.
2. Die One Pot Pasta bei mittlerer Hitze im geschlossenen Topf etwa 12 Minuten kochen lassen, dabei immer wieder umrühren.
3. Sobald die Nudeln die gewünschte Konsistenz erreicht haben, die One Pot Pasta kräftig mit Olivenöl, Salz, Pfeffer, etwas Zitronenabrieb und ggf. etwas Honig oder Ahornsirup abschmecken und sofort servieren.

KICHERERBSEN & Chorizo

Für 2–3 Personen

3 Schalotten, fein gewürfelt

2 Knoblauchzehen, fein gewürfelt

Chiliflocken oder frische Chilistücke nach Geschmack

3 EL Tomatenmark

100 g Chorizowurst, fein gewürfelt

500 g Kirschtomaten, halbiert oder geviertelt

200 g Kichererbsen (fertig zubereitet), gewaschen und abgetropft

250 g Fusilli

½ TL Salz

1 TL Honig oder Ahornsirup

½ Bund Basilikum, fein geschnitten

3 EL Olivenöl

Salz, Pfeffer

1 Handvoll Pinienkerne, geröstet

In spanischen Tapas-Bars dürfen sie nicht fehlen: köstlich eingekochte Tomaten mit würziger Chorizowurst und Kichererbsen. Noch ein paar Nudeln dazu – und schon wird eine ganze Mahlzeit daraus!

1. Schalotten, Knoblauch, Chili, Tomatenmark, Chorizowurst, Kirschtomaten, Kichererbsen, Nudeln, Salz und Honig in einen großen Kochtopf geben und unter Rühren zum Kochen bringen.
2. Die One Pot Pasta bei mittlerer Hitze im geschlossenen Topf etwa 10–12 Minuten kochen lassen, dabei immer wieder umrühren.
3. Sobald die Nudeln die gewünschte Konsistenz erreicht haben, die frischen Basilikumblätter und das Olivenöl unterheben und die One Pot Pasta mit Salz und Pfeffer abschmecken. Sofort mit gerösteten Pinienkernen bestreut servieren.

PASTA Thai-Curry

Für 2–3 Personen

2 Schalotten, fein gewürfelt
1 Knoblauchzehe, fein gewürfelt
1 ½ TL grüne Currypaste
2 kleine Zucchini, gewürfelt
300 g Brokkoli, in kleine Röschen zerteilt
1 Bund Lauchzwiebeln, in feinen Ringen
1 TL Salz
½ TL Ahornsirup
250 g Fusilli
400 ml Kokosmilch
100 ml Gemüsebrühe
1 Zitronengrasstange
Schale und Saft von ½ Bio-Limette
Salz, Pfeffer
2 Handvoll Erdnusskerne, geröstet und gesalzen

Meistens wird Thai-Curry ja mit Reis serviert. Warum eigentlich? Auch unsere Freunde, die Nudeln, warten förmlich darauf, sich in der cremig-scharfen Kokossoße zu wälzen und für Begeisterung zu sorgen!

1. Schalotten, Knoblauch, Currypaste, Zucchini, Brokkoli, Lauchzwiebeln, Salz, Ahornsirup, Nudeln, Kokosmilch und Gemüsebrühe in einen großen Kochtopf geben und unter Rühren zum Kochen bringen. Die Zitronengrasstange kräftig andrücken, sodass sie sich leicht öffnet. Zu den anderen Zutaten in den Topf geben.
2. Die One Pot Pasta bei mittlerer Hitze im geschlossenen Topf etwa 10–12 Minuten kochen lassen, dabei immer wieder umrühren.
3. Sobald die Nudeln die gewünschte Konsistenz erreicht haben, die Zitronengrasstange entfernen, Limettenschale und -saft hinzufügen und die One Pot Pasta mit Salz und Pfeffer abschmecken und sofort mit den Erdnusskernen bestreut servieren.

PASTA Thai-Bologneses

Für 3–4 Personen

2 EL Öl

400 g Rinderhackfleisch

3 TL rote Thai-Curry-Paste

1 rote Zwiebel, fein gewürfelt

300 g Möhren, fein gewürfelt

3 Stangen Staudensellerie, fein gewürfelt

500 g passierte Tomaten

½ TL Salz

250 ml Kokosmilch

200 ml Gemüsebrühe

250 g Penne rigate

ggf. etwas Brühe oder Kokosmilch zum Nachgießen

Salz, Pfeffer

frische Korianderblätter zum Anrichten

Wer Bolognese-Soße mag, wird diese Abwandlung des berühmten Klassikers lieben. Ähnlich wie eine herkömmliche „Bolo" zubereitet, aber mit roten Thai-Curry-Gewürzen und Kokosmilch abgeschmeckt, kommt diese Bolognese ganz im asiatischen Stil daher: Italien trifft auf Thailand.

1. Das Öl in einem großen Kochtopf erhitzen und das Hackfleisch darin rundherum krümelig braten. Currypaste, Zwiebeln, Möhren und Staudensellerie zugeben und 2 Minuten bei mittlerer Hitze mitbraten.
2. Die passierten Tomaten, ½ TL Salz, Kokosmilch, Gemüsebrühe und die Nudeln zugeben, gut vermengen und unter Rühren zum Kochen bringen.
3. Die One Pot Pasta bei mittlerer Hitze im geschlossenen Topf rund 11–12 Minuten kochen lassen, dabei immer wieder umrühren. Sollte noch Flüssigkeit für die Soße fehlen, einfach etwas Gemüsebrühe oder Kokosmilch nachgießen.
4. Sobald die Nudeln die gewünschte Konsistenz erreicht haben, die One Pot Pasta mit Salz und Pfeffer abschmecken und sofort mit frischen Korianderblättern bestreut servieren.

PASTA Mexiko-Style

Für 2–3 Personen

1 Zwiebel, fein gewürfelt
Chiliflocken oder frische Chilistücke nach Geschmack
200 g Kidneybohnen (aus dem Glas), gewaschen und abgetropft
200 g Mais (aus dem Glas), gewaschen und abgetropft
1 rote Paprikaschote, gewürfelt
300 g Kirschtomaten, halbiert oder geviertelt
1 Bund Lauchzwiebeln, in feinen Ringen
150 g Cabanossiwurst, gewürfelt
je 1 TL Paprikapulver, geräuchert und edelsüß
3 EL Tomatenmark
250 g Farfalle
½ TL Salz
½ TL Honig
500 ml Gemüsebrühe
Salz, Pfeffer

Würzig, pikant und gern ein bisschen scharf – das klingt nicht nur nach mexikanischer Küche, das schmeckt auch so! Wer mag, der toppt das schnelle Nudelgericht aus Kidneybohnen, Mais, Cabanossiwurst, Paprika, Tomaten und Chili noch mit einer Handvoll scharfen Tortillachips – ay, caramba!

1. Zwiebeln, Chili, Kidneybohnen, Mais, Paprika, Kirschtomaten, Lauchzwiebeln, Cabanossiwurst, Paprikapulver, Tomatenmark, Nudeln, Salz, Honig und Gemüsebrühe in einen großen Kochtopf geben und unter Rühren zum Kochen bringen.
2. Die One Pot Pasta bei mittlerer Hitze im geschlossenen Topf etwa 11–12 Minuten kochen lassen, dabei immer wieder umrühren.
3. Sobald die Nudeln die gewünschte Konsistenz erreicht haben, die One Pot Pasta kräftig mit Salz und Pfeffer abschmecken und sofort servieren.

PASTA-SALAT mit Granatapfel

Für 2–3 Personen

2 Zwiebeln, fein gewürfelt
2 Knoblauchzehen, fein gewürfelt
1 Msp. Kreuzkümmel
Chiliflocken oder frische Chilistücke nach Geschmack
½ TL Salz
1 TL Ahornsirup
500 ml Gemüsebrühe
250 g Spaghetti
4 EL Olivenöl
Saft und Schale von ½ Bio-Limette
Kerne von ½ Granatapfel
Salz, Pfeffer
100–150 g Feldsalat, gewaschen und abgetropft
2 Handvoll Walnusskerne, geröstet und gehackt

Nudelsalat aus einem Topf? Kein Problem! Hier werden die Nudeln mit etwas Kreuzkümmel, Chili, Knoblauch und Zwiebeln gekocht und noch lauwarm mit Feldsalat, Granatapfelkernen, gutem Olivenöl und Walnusskernen vermengt – passt!

1. Zwiebeln, Knoblauch, Kreuzkümmel, Chili, Salz, Ahornsirup und Gemüsebrühe in einen großen Kochtopf geben und zum Kochen bringen.
2. Die Nudeln zufügen und bei mittlerer Hitze im geschlossenen Topf etwa 10–11 Minuten kochen lassen, dabei sehr regelmäßig umrühren.
3. Sobald die Nudeln die gewünschte Konsistenz erreicht haben, den Topf von der Platte nehmen und das Olivenöl, den Limettensaft und die Limettenschale sowie die Granatapfelkerne unterheben. Die Nudeln kräftig mit Salz und Pfeffer abschmecken. Nun den Feldsalat und die Walnusskerne unterheben und den Pasta-Salat direkt servieren.

TIPP

Zusammen mit dem Feldsalat und den Granatapfelkernen noch 150 g gewürfelten Fetakäse unter die Nudeln heben!

PASTA mit Guacamole

Für 2–3 Personen

2 Zwiebeln, gewürfelt

2 Knoblauchzehen, fein gewürfelt

Chiliflocken oder frische Chilistücke nach Geschmack

½ TL Salz

500 ml Gemüsebrühe

250 g Tagliatelle

2 Hass-Avocadofrüchte

Salz, Pfeffer

3–4 EL Olivenöl

Saft von ¼ Bio-Zitrone

½ TL Ahornsirup oder Honig

1 Granatapfel, die Kerne davon

Guacamole passt zu Brot, Fleisch und Fisch – und natürlich auch zu Nudeln! Schnell gemacht und super variabel: Anstelle von Granatapfelkernen können am Ende auch kleine, halbierte Kirschtomaten oder klein geschnittene Mangowürfel zu den Nudeln gegeben werden.

1. Zwiebeln, Knoblauch, Chili, Salz und Gemüsebrühe in einen großen Kochtopf geben und zum Kochen bringen. Die Tagliatelle zufügen und im geschlossenen Topf etwa 7 Minuten bei mittlerer Hitze kochen lassen, dabei sehr regelmäßig umrühren. Wichtig: Die Angabe auf der Packung beachten! Tagliatelle haben oft eine kürzere Kochzeit als andere Nudeln.
2. Kurz vor Ende der Garzeit die Avocadofrüchte mit einer Gabel zerdrücken, mit Salz, Pfeffer und Olivenöl abschmecken und unter die Nudeln heben, nur kurz mit erwärmen. Zitronensaft, Ahornsirup und Granatapfelkerne ebenfalls unterheben und die One Pot Pasta mit Salz und Pfeffer abschmecken und sofort servieren.

PASTA Spring Time

Für 2–3 Personen

2–3 Schalotten, fein gewürfelt

1 Knoblauchzehe, fein gewürfelt

500 g grüner Spargel, geschält und längs in 2 cm dicke Stücke geschnitten

1 Prise Zucker

½ TL Salz

250 g Fusilli

500 ml Gemüsebrühe

5–6 Blätter Bärlauch, fein geschnitten

6–8 Scheiben Serranoschinken, in kleine Stücke gezupft

3 EL Olivenöl

Saft und Abrieb von ½ kleinen Bio-Zitrone

Salz, Pfeffer

100 g Parmesankäse, grob gebröckelt

Spargel mal ganz schön schnell und ganz schön fein: Die grünen, leicht nussigen Stangen treffen hier auf frischen Bärlauch, kräftigen Parmesankäse, Olivenöl und luftgetrockneten Schinken – die perfekte Frühlingspasta.

1. Schalotten, Knoblauch, Spargel, Zucker, Salz, Nudeln und Gemüsebrühe in einen großen Kochtopf geben und unter Rühren zum Kochen bringen.
2. Die One Pot Pasta bei mittlerer Hitze im geschlossenen Topf etwa 10–11 Minuten kochen lassen, dabei immer wieder umrühren. Sollten die Spargelstangen besonders dünn sein, diese lieber erst 2 oder 3 Minuten später zu den Nudeln in den Topf geben, sodass sie nicht zu weich werden.
3. Sobald die Nudeln und der Spargel die gewünschte Konsistenz erreicht haben, den geschnittenen Bärlauch, den Serranoschinken, das Olivenöl sowie Saft und Abrieb von der Zitrone unterheben. Mit Salz und Pfeffer abschmecken und mit grob gebrochenem Parmesankäse bestreut servieren.

TIPP

Wer mag, hebt den Parmesankäse bereits kurz vor Ende der Garzeit unter die Nudeln und lässt ihn leicht schmelzen.

PASTA mit Feta & Oliven

Für 2–3 Personen

Vorab

250 g Fetakäse

5 EL Olivenöl

2–3 Knoblauchzehen, fein gewürfelt

1 TL Thymian- und Oreganoblätter, getrocknet

Für die Pasta

1 rote Zwiebel, fein gewürfelt

2 Paprikaschoten, gewürfelt

Chiliflocken oder frische Chilistücke nach Geschmack

½ TL Salz

250 g Mini-Makkaroni aus Dinkelmehl

500 ml Gemüsebrühe

150–200 g Salatgurke, entkernt und gewürfelt

150 g Kalamata-Oliven, in Scheiben oder halbiert

3–5 Zweige frische Minzblätter, fein geschnitten

Salz, Pfeffer

Thymian-Honig

Der marinierte Fetakäse hat es in sich! Mit etwas Baguette oder Fladenbrot schmeckt er schon pur ganz ausgezeichnet. Aufpassen also, dass am Ende noch etwas bei den Nudeln im Topf landet!

1. Den Fetakäse mit Olivenöl, Knoblauch und Kräutern vermengen und mindestens 1 Stunde durchziehen lassen.
2. Für die One Pot Pasta Zwiebeln, Paprika, Chili, Salz, Nudeln und Gemüsebrühe in einen großen Kochtopf geben und unter Rühren zum Kochen bringen.
3. Die One Pot Pasta bei mittlerer Hitze im geschlossenen Topf etwa 10–11 Minuten kochen lassen, dabei immer wieder umrühren.
4. Sobald die Nudeln die gewünschte Konsistenz erreicht haben, die Gurkenwürfel, die Oliven, die Minzblätter und den eingelegten Fetakäse unterheben. Alles gut vermengen, vorsichtig mit Salz, Pfeffer und etwas Thymian-Honig abschmecken und sofort servieren.

PASTA Caponata-Style

Für 2–3 Personen

3 EL Olivenöl
3 Schalotten, fein gewürfelt
2 Knoblauchzehen, fein gewürfelt
1 Aubergine, sehr fein gewürfelt
500 g Tomaten, gewürfelt
2 Stangen Staudensellerie, in dünnen Scheiben
1 Fenchelknolle, gewürfelt oder in Streifen
1 TL Salz
1 ½ TL Honig
250 g Penne rigate
500 ml Gemüsebrühe
½ Bund Basilikum, fein geschnitten
1–2 EL Weißwein- oder Apfelessig
Salz, Pfeffer
1 Handvoll Pinienkerne und Mandelstifte, leicht geröstet

Caponata ist ein sizilianisches Gemüsegericht, das traditionell süß-sauer mit etwas Zucker und Essig abgeschmeckt wird. Schön crunchy wird es durch Mandelstifte und Pinienkerne, die kurz vor dem Servieren auf dem Gemüse landen.

1. Das Olivenöl in einem großen Kochtopf erwärmen und die Schalotten- und Knoblauchwürfel darin bei mittlerer Hitze glasig dünsten. Nach etwa 5–7 Minuten hat sich eine schöne Süße entwickelt, die nun weiter für das Pastagericht genutzt wird.
2. Auberginen, Tomaten, Sellerie, Fenchel, Salz und Honig zufügen, alle Zutaten gut vermengen und bei mittlerer Hitze im geschlossenen Topf etwa 10 Minuten dünsten, zwischendurch immer wieder umrühren. Fehlt Flüssigkeit im Topf, einfach etwas Gemüsebrühe angießen, sodass nichts anbrennt.
3. Nach 10 Minuten die Nudeln und 500 ml Gemüsebrühe zugeben, die One Pot Pasta unter Rühren zum Kochen bringen und weitere 10 Minuten bei mittlerer Hitze im geschlossenen Topf kochen lassen, zwischendurch immer wieder umrühren.
4. Sobald die Nudeln die gewünschte Konsistenz erreicht haben, die Basilikumblätter und den Essig unterheben und die Caponata-Pasta mit Salz und Pfeffer abschmecken. Sie soll einen angenehmen, leicht süß-sauren Geschmack haben. Die One Pot Pasta sofort mit Pinienkernen und Mandelstiften bestreut servieren.

TIPP

Wer es noch tomatiger mag, verwendet anstelle von 500 ml Gemüsebrühe nur 250 ml und gibt noch 350 g passierte Tomaten mit in den Topf.

PASTA Alm-Style

Für 2–3 Personen

2 EL Butter

4–5 kleine Schalotten, gewürfelt

100 g Schinkenwürfel

½ TL Salz

500 ml Fleisch- oder Gemüsebrühe

250 g Spätzle

150 g kräftiger Bergkäse, frisch gerieben

Salz, Pfeffer

1 Handvoll Röstzwiebeln zum Anrichten

Guter, kräftiger Bergkäse und ein bisschen Schinken – klingt nach einer perfekten Brotzeit auf der Alm. Nun noch Spätzle dazu und ein paar Röstzwiebeln obendrauf, und schon werden Erinnerungen an den letzten Urlaub in den Tiroler Bergen wach!

1. Die Butter in einem großen Topf auf mittlerer Stufe erhitzen und die Schalottenwürfel darin 4–5 Minuten glasig dünsten. Schinkenwürfel zugeben und 2 Minuten mitdünsten. Das Salz hinzufügen, die Brühe angießen und zum Kochen bringen.
2. Spätzle hinzufügen und die One Pot Pasta bei mittlerer Hitze im geschlossenen Topf rund 10 Minuten bei mittlerer Hitze kochen lassen, dabei immer wieder umrühren.
3. Kurz vor Ende der Garzeit den frisch geriebenen Käse zu den Spätzle geben und langsam schmelzen lassen. Vorsichtig mit Salz und Pfeffer abschmecken. Die One Pot Pasta sofort auf Tellern anrichten (ja, der Käse zieht ein bisschen, dafür schmeckt er großartig!) und mit Röstzwiebeln bestreut servieren.

PASTA mit Paprika-Gulasch

Für 3–4 Personen

800 g Rindergulasch
2–3 EL Öl
Salz
3 EL Tomatenmark
500 g passierte Tomaten
½ TL Salz
250 ml Rotwein, trocken
2 Zwiebeln, gewürfelt
3 Paprikaschoten, gewürfelt
Chiliflocken oder frische Chilistücke nach Geschmack
250 g Fusilli
400 ml Gemüsebrühe
½ TL Salz
½ TL Honig
Salz, Pfeffer

Bei Gulasch denken wir an Ungarn. Dort heißt der Schmortopf allerdings „Pörkölt", schmeckt aber ganz ähnlich wie unser Gulasch mit Paprika, Tomaten und Rotwein. So gut, dass wir die Nudeln einfach mal darin baden lassen.

1. Das Fleisch etwa 60 Minuten vor der Zubereitung zum Temperieren aus dem Kühlschrank nehmen. Das Öl in einem großen Kochtopf erhitzen und die Fleischwürfel darin rundherum scharf anbraten und gut salzen.
2. Das Tomatenmark, die passierten Tomaten und ½ TL Salz zum Fleisch geben. Rotwein angießen. Das Gulasch im geschlossenen Topf bei kleiner Hitze 45 Minuten köcheln lassen, zwischendurch umrühren.
3. Nach 45 Minuten die Zwiebel- und Paprikawürfel zugeben. Chiliflocken zufügen und das Gulasch weitere 20 Minuten im geschlossenen Topf bei mittlerer Hitze köcheln lassen, zwischendurch immer wieder umrühren.
4. Nun die Nudeln zusammen mit 400 ml Gemüsebrühe und ½ TL Salz hinzufügen und im geschlossenen Topf weitere 10 Minuten bei mittlerer Hitze kochen lassen, zwischendurch umrühren.
5. Sobald die Nudeln die gewünschte Konsistenz erreicht haben, die One Pot Pasta mit etwas Honig (oder Zucker), Salz und Pfeffer abschmecken und sofort servieren.

TIPP

Das Gulasch kann bis einschließlich Schritt 3 gut vorbereitet werden. Wenn Gäste kommen: Kurz vor dem Servieren die Nudeln hinzufügen, kurz mitkochen und genießen.

PASTA Marokko-Style

Für 2–3 Personen

1 Zwiebel, fein gewürfelt

1 Knoblauchzehe, fein gewürfelt

1 Bund Lauchzwiebeln, in feinen Ringen

1 TL Ras-el-Hanout-Gewürzmischung

Chiliflocken oder frische Chilistücke

2–3 kleine Zucchini (300–400 g), gewürfelt

3 EL Rosinen

3 EL getrocknete Sauerkirschen

½ TL Salz

500 ml Gemüsebrühe

250 g Spaghetti

1 Granatapfel, davon die Kerne

1 Bund glatte Petersilie, fein geschnitten

4–5 Zweige frische Minzblätter, fein geschnitten

3–4 EL Olivenöl

Salz, Pfeffer

1 Handvoll geröstete und gesalzene Mandeln

Wer sich die Zutatenliste anschaut, denkt wahrscheinlich sofort an einen typisch marokkanischen Couscous-Salat. Passt genau! Nur, dass wir hier Pasta statt Couscous in den Topf geben.

1. Zwiebeln, Knoblauch, Lauchzwiebeln, Ras-el-Hanout-Gewürzmischung, Chili, Zucchini, Rosinen, Sauerkirschen, Salz und Gemüsebrühe in einen großen Kochtopf geben und zum Kochen bringen.
2. Die Nudeln in die kochende Gemüsebrühe geben, alles gut vermengen und bei mittlerer Hitze im geschlossenen Topf etwa 10 Minuten kochen lassen, dabei sehr regelmäßig umrühren.
3. Sobald die Nudeln die gewünschte Konsistenz erreicht haben, Granatapfelkerne, Petersilie, Minze und Olivenöl unterheben und die One Pot Pasta mit Salz und Pfeffer abschmecken. Sofort auf Tellern anrichten und mit gerösteten und gesalzenen Mandeln bestreut servieren.

PASTA Asia-Style

Für 2–3 Personen

2 Schalotten, fein gewürfelt

1 Knoblauchzehe, fein gewürfelt

3–4 Möhren (300 g), fein gewürfelt

4–5 Mini-Pak-Choi, den Strunk entfernt, fein geschnitten

250 g braune Champignons, geviertelt

1 Stückchen Ingwer (2–3 cm), fein gewürfelt

Chiliflocken oder frische Chilistücke nach Geschmack

½ TL Salz

450 ml Gemüsebrühe

250 g Udon-Nudeln

2 EL Sojasoße

1–2 EL Austernsoße

1–2 EL geröstetes Sesamöl

1 Handvoll Erdnusskerne, geröstet oder gesalzen

Für dieses Rezept empfiehlt sich ein Besuch im Asialaden! Die Kombination von Pak Choi, Möhren, Pilzen, Ingwer und Chili schmeckt wunderbar leicht und ergibt ein schnelles und aromatisches Frühlingsessen!

1. Schalotten, Knoblauch, Möhren, Pak Choi, Champignons, Ingwer, Chili, Salz und Gemüsebrühe in einen großen Topf geben und zum Kochen bringen.
2. Die Udon-Nudeln dazugeben, alles vermengen und die One Pot Pasta bei mittlerer Hitze 8–10 Minuten kochen lassen, dabei sehr regelmäßig umrühren.
3. Sobald die Nudeln die gewünschte Konsistenz erreicht haben, Sojasoße, Austernsoße und das geröstete Sesamöl unterheben und die One Pot Pasta abschmecken und ggf. noch etwas nachwürzen. Sofort mit Erdnusskernen bestreut servieren.

TIPP

Wer mag, gibt kurz vor dem Servieren noch einige frische Korianderblätter zu den Nudeln.

TIPP

Aus dem Nudel-Gemüse-Curry lässt sich schnell eine Suppe zaubern: Einfach die doppelte Menge Flüssigkeit verwenden (je 500 ml Kokosmilch und Gemüsebrühe), und die Suppe am Ende durch die zusätzliche Flüssigkeit etwas kräftiger abschmecken – fertig!

PASTA Tropical-Curry

Für 2–3 Personen

1 Zwiebel, fein gewürfelt
1 Knoblauchzehe, fein gewürfelt
1 Banane, in Scheiben
3–4 Möhren, in dünnen Scheiben
300 g Brokkoli, in kleine Röschen zerteilt
2 Paprika, fein gewürfelt
1 TL Salz
1 TL Honig
2 TL gelbe Thai-Curry-Paste
250 ml Kokosmilch
250 ml Gemüsebrühe
250 g Mieh-Nudeln
150 g frische Ananas, gewürfelt
Saft und Abrieb von ¼ Bio-Zitrone
Salz, Pfeffer

Banane, Ananas, Kokosmilch und Zitrone – das klingt nach Sommerurlaub! Oder nach cremiger Pasta, die mit exotischen Zutaten auch im tiefsten Winter Lust auf Sommer, Sonne und Meer macht.

1. Zwiebeln, Knoblauch, Bananenscheiben, Möhren, Brokkoli, Paprika, Salz, Honig, Currypaste, Kokosmilch und Gemüsebrühe in einen großen Kochtopf geben und unter Rühren zum Kochen bringen.
2. Die Mieh-Nudeln hinzufügen, vorsichtig vermengen, bis sie sich gelöst haben, und dann bei mittlerer Hitze im geschlossenen Topf etwa 5–6 Minuten kochen lassen, dabei sehr regelmäßig umrühren.
3. Sobald die Nudeln die gewünschte Konsistenz erreicht haben, die Ananaswürfel unterheben, kurz mit warm werden lassen und die One Pot Pasta mit Zitronensaft und -abrieb sowie Salz und Pfeffer abschmecken und sofort servieren!

PASTA Burger-Style

Für 2–3 Personen

2–3 EL Öl

350 g Rinderhackfleisch

Salz

500 g Kirschtomaten, halbiert oder geviertelt

2–3 Schalotten, fein gewürfelt

75 g BBQ-Ketchup

200 g eingelegte Gurken, fein gewürfelt

250 g Penne rigate

500 ml Gemüsebrühe oder Fleischbrühe

½ TL Salz

50 g BBQ-Ketchup zum Anrichten

100 g Gouda oder Cheddarkäse, gerieben

Salz, Pfeffer

Hand aufs Herz: Burger lieben wir doch alle, oder? Fast so sehr wie Nudeln? Könnte sein! Höchste Zeit also, die beiden zusammenzubringen!

1. Das Öl in einem großen Kochtopf erhitzen und das Rinderhackfleisch darin krümelig anbraten und leicht salzen.
2. Tomaten, Schalotten, BBQ-Ketchup, Gurken, Nudeln, Brühe und ½ TL Salz zugeben, alles gut vermengen und unter Rühren zum Kochen bringen.
3. Die One Pot Pasta im geschlossenen Topf bei mittlerer Hitze rund 12 Minuten kochen lassen, dabei regelmäßig umrühren. Sobald die Nudeln die gewünschte Konsistenz erreicht haben 50 g BBQ-Ketchup und den geriebenen Käse unterheben, kurz mit erwärmen und die One Pot Pasta vorsichtig nach Bedarf mit Salz und Pfeffer abschmecken. Sofort servieren und genießen!

PASTA mit Wassermelone

Für 2–3 Personen

2–3 Schalotten, fein gewürfelt

2 Knoblauchzehen, fein gewürfelt

500 g Kirschtomaten, halbiert oder geviertelt

250 g Wassermelone, gewürfelt

½ TL Salz

Chiliflocken oder frische Chilistücke nach Geschmack

400 ml Gemüsebrühe

250 g Spaghetti

150 g Wassermelone, gewürfelt zum Anrichten

3 EL Olivenöl

1 Bund glatte Petersilie, fein geschnitten

Salz, Pfeffer

2 Handvoll Walnusskerne, geröstet und grob gehackt

Wassermelone zu Nudeln? Echt jetzt?! Auf jeden Fall! Das Zusammenspiel aus Süße, Säure und Schärfe funktioniert mit Wassermelone, Tomate und Chili ganz wunderbar. Dazu noch etwas gutes Olivenöl und würzige Petersilie, und der Topf wird zum Sommerstar!

1. Schalotten, Knoblauch, Tomaten, Wassermelone, Salz, Chili und Gemüsebrühe in einen großen Topf geben und zum Kochen bringen.
2. Die Spaghetti zufügen und alle Zutaten gut vermengen. Die One Pot Pasta bei mittlerer Hitze im geschlossenen Topf etwa 10–12 Minuten kochen lassen, dabei sehr regelmäßig umrühren, sodass die Nudeln nicht am Topfboden ansetzen.
3. Sobald die Nudeln die gewünschte Konsistenz erreicht haben, die restlichen Wassermelonenwürfel, das Olivenöl und die Petersilie unterheben und die One Pot Pasta mit Salz und Pfeffer abschmecken und sofort mit gerösteten Walnusskernen bestreut servieren.

DATTELN & Speck

Für 2–3 Personen

2 Zwiebeln, fein gewürfelt

Chiliflocken oder frische Chilistücke nach Geschmack

6–8 Datteln, in dünnen Scheiben

100 g Bauchspeck vom Schwein, gewürfelt

500 g Kirschtomaten, halbiert oder geviertelt

½ TL Salz

250 g Penne rigate

500 ml Gemüse- oder Fleischbrühe

Salz, Pfeffer

Beim Tapas-Essen dürfen sie nicht fehlen: Süße Datteln im herzhaften Speckmantel. Und weil wir sie alle so lieben, machen wir gleich einen ganzen Topf davon.

1. Zwiebeln, Chili, Datteln, Bauchspeck, Kirschtomaten, Salz, Nudeln und Brühe in einen großen Topf geben und unter Rühren zum Kochen bringen.
2. Die One Pot Pasta bei mittlerer Hitze im geschlossenen Topf rund 10 Minuten kochen lassen, dabei immer wieder umrühren.
3. Sobald die Nudeln die gewünschte Konsistenz erreicht haben, die One Pot Pasta mit Salz und Pfeffer abschmecken und direkt servieren.

TIPP

Von der letzten Party sind noch Datteln im Speckmantel übrig? Einfach in feine Scheiben schneiden, mit den angegebenen Zutaten (ohne Datteln und Bauchspeck) in den Topf geben und wie im Rezept beschrieben, kochen und genießen!

AUBERGINE
Minze & Joghurt

Für 2–3 Personen

2 Auberginen (ca. 500 g), fein gewürfelt
Salz
2 Schalotten, gewürfelt
1 Knoblauchzehe, fein gewürfelt
1 TL Honig oder Ahornsirup
½ TL Kreuzkümmel, gemahlen
750 g passierte Tomaten
½ TL Salz
Chiliflocken oder frische Chilistücke nach Geschmack
250 g Penne rigate
300 ml Gemüsebrühe
3 EL Olivenöl
Salz, Pfeffer
200 g griechischer Joghurt
Blätter von 5–6 Zweigen Minze
schwarzer Sesam

Was in Deutschland Kartoffeln, das sind in der orientalischen Küche Auberginen. Ihre liebsten Begleiter: Olivenöl, Knoblauch, Joghurt, Minze, Joghurt und Tomaten. Diese Kombination ergibt natürlich auch ein wunderbares Pastagericht!

1. Die Auberginenwürfel etwa 30 Minuten vor dem Kochen mit etwas Salz vermengen und ruhen lassen.
2. Das ausgetretene Wasser abgießen und die Auberginenwürfel in einen großen Kochtopf geben. Schalotten- und Knoblauchwürfel, Honig, Kreuzkümmel, passierte Tomaten, Salz und Chili zugeben und zum Kochen bringen. Das Gemüse bei mittlerer Hitze im geschlossenen Topf etwa 10–12 Minuten kochen lassen, dabei immer wieder umrühren.
3. Nudeln und Gemüsebrühe zum Gemüse geben, gut vermengen und die One Pot Pasta bei mittlerer Hitze im geschlossenen Topf etwa 10–12 Minuten kochen lassen, dabei immer wieder umrühren.
4. Sobald die Nudeln die gewünschte Konsistenz erreicht haben, die One Pot Pasta mit Olivenöl, Salz und Pfeffer abschmecken und sofort auf Tellern anrichten. Jede Portion mit einem Löffel griechischem Joghurt, einigen Minzeblättern und schwarzem Sesam servieren.

PASTA Falafel-Style

Für 2–3 Personen

1 Gemüsezwiebel, fein gewürfelt

2 Knoblauchzehen, fein gewürfelt

½ TL Kreuzkümmel

400 g Kichererbsen (fertig zubereitet), gewaschen und abgetropft

½ TL Salz

1 TL Ahornsirup

250 g kurze Dinkel-Makkaroni

500 ml Gemüsebrühe

2 EL Sesampaste (Tahin)

3 EL Olivenöl

Saft und Abrieb von ½ Bio-Zitrone

1 Bund glatte Petersilie, fein geschnitten

1 kleine Handvoll schwarze und weiße Sesamsamen

Salz, Pfeffer

300 g griechischer Joghurt

Was sich in kleine, frittierte Bällchen packen lässt, funktioniert natürlich auch im großen Pastatopf: Hier treffen nussige Dinkelnudeln auf Kichererbsen, Knoblauch, Zitrone, Sesam und Olivenöl – Falafel mal anders!

1. Zwiebeln, Knoblauch, Kreuzkümmel, Kichererbsen, Salz, Ahornsirup, Nudeln und Gemüsebrühe in einen großen Kochtopf geben und zum Kochen bringen.
2. Die One Pot Pasta bei mittlerer Hitze im geschlossenen Topf 10–12 Minuten kochen lassen, dabei immer wieder umrühren.
3. Sobald die Nudeln die gewünschte Konsistenz erreicht haben, die Sesampaste, das Olivenöl, den Zitronensaft und -abrieb, die Petersilie und die Sesamsamen unterheben und die One Pot Pasta mit Salz und Pfeffer abschmecken. Die Nudeln sofort auf Tellern anrichten und mit griechischem Joghurt servieren.

PASTA Taboulé-Style

Für 2 Personen

3 Schalotten, fein gewürfelt

1 Knoblauchzehe, fein gewürfelt

Chiliflocken oder frische Chilistücke nach Geschmack

250 g Kirschtomaten, halbiert oder geviertelt

½ TL Salz

1 TL Ahornsirup

450 ml Gemüsebrühe

250 g Tagliatelle

1 Bund glatte Petersilie, fein geschnitten

3–4 EL Olivenöl

Saft und Abrieb von ½ Bio-Zitrone

Salz, Pfeffer

Taboulé-Salate sind aus der vorderasiatischen Küche nicht wegzudenken. Petersilie, Zitrone, Olivenöl, Knoblauch und manchmal auch Tomaten oder Granatapfelkerne sind wichtige Zutaten der beliebten Vorspeise, die oft auch mit Bulgur oder Couscous zubereitet wird.

1. Schalotten, Knoblauch, Chili, Kirschtomaten, Salz, Ahornsirup und Gemüsebrühe in einen großen Topf geben und zum Kochen bringen.
2. Die Tagliatelle zufügen, alles gut vermengen und 6–7 Minuten bei mittlerer Hitze im geschlossenen Topf kochen lassen, dabei sehr regelmäßig umrühren, sodass die Nudeln nicht am Topfboden ansetzen. Wichtig: Packungsangabe beachten! Tagliatelle haben oft eine kürzere Kochzeit als andere Nudeln.
3. Sobald die Nudeln die gewünschte Konsistenz erreicht haben, die Petersilie, das Olivenöl sowie Saft und Abrieb von ½ Zitrone unterheben und die One Pot Pasta mit Salz und Pfeffer abschmecken und sofort servieren.

PASTA Ceasar Salad

Für 2–3 Personen

1 Zwiebel, fein gewürfelt
2 Knoblauchzehen, fein gewürfelt
250 g Farfalle
1 Prise Salz
500 ml Gemüsebrühe
75 g Parmesankäse, gerieben
2 Römersalatherzen, in Streifen geschnitten
150 ml Ceasar-Salatdressing
Pfeffer
Zitronensaft
75 g Parmesankäse, gerieben oder gehobelt zum Anrichten

Ob mit Hähnchen, Brotcroûtons oder Nudeln: Caesar Salad, der Salatklassiker aus den USA, lässt sich nach Herzenslust variieren. Wer Parmesankäse mag, wird diese Pasta lieben!

1. Zwiebeln, Knoblauch, Nudeln, Salz und Gemüsebrühe in einen großen Kochtopf geben und unter Rühren zum Kochen bringen.
2. Die One Pot Pasta im geschlossenen Topf bei mittlerer Hitze etwa 10–12 Minuten kochen lassen, dabei regelmäßig umrühren. 3 Minuten vor Ende der Garzeit den Parmesankäse unterheben und schmelzen lassen.
3. Sobald die Nudeln die gewünschte Konsistenz erreicht haben, den Römersalat und das Ceasar-Dressing unterheben. Die Pasta mit etwas Pfeffer und Zitronensaft abschmecken und mit frisch geriebenem oder gehobeltem Parmesankäse servieren.

TIPP

Gleich zu Anfang dünn geschnittene Hähnchenbruststreifen mit in den Topf geben und mitkochen!

TIPP

Je nachdem, ob das Rezept als Suppe oder als klassisches Nudelgericht serviert werden soll, einfach etwas mehr oder weniger Kokosmilch und Hühnerfond verwenden. Die Menge im Rezept reicht für ein klassisches Pastagericht mit einer guten Portion Soße.

PASTA Tom-Kha-Gai-Style

Für 3–4 Personen

2 EL Öl

2 kleine Schalotten, fein gewürfelt

500 ml Kokosmilch

250 ml Hühnerbrühe

1 Stückchen Ingwer (2–3 cm), gerieben

1 Stückchen frische Chilischote (2 cm), fein geschnitten

1 TL Salz

250 g Hähnchenbrustfilet, gewürfelt oder in Scheiben

300 g grüner Spargel, geschält und in 1–2 cm lange Stücke geschnitten

250 g Mieh-Nudeln

250 g Steinpilze, geviertelt oder in Scheiben

1 Bund Lauchzwiebeln, in Ringen

Saft und Abrieb von ½ Bio-Zitrone

Salz, Pfeffer

Ob Sommer oder Winter: Die herrlich aromatische Suppe aus Kokosmilch, Ingwer und Hähnchenfleisch schmeckt immer! Mit Nudeln wird eine komplette Mahlzeit daraus – wahlweise als Suppe oder als klassisches Pastagericht.

1. Das Öl in einem großen Kochtopf leicht erwärmen und die Schalottenwürfel darin glasig dünsten. So entwickeln die Schalotten eine feine Süße. Nach knapp 5 Minuten die Kokosmilch und die Hühnerbrühe angießen, Ingwer, Chili und Salz zufügen und zum Kochen bringen.

2. Das Hähnchenbrustfilet (vorher leicht gesalzen) und die Spargelstücke zufügen und bei mittlerer Hitze im geschlossenen Topf etwa 5 Minuten vorgaren.

3. Nun die Nudeln, die Pilze und die Lauchzwiebeln zufügen und weitere 6–7 Minuten bei mittlerer Hitze im geschlossenen Topf kochen lassen; dabei immer wieder umrühren, sodass nichts am Topfboden ansetzt.

4. Sobald die Nudeln die gewünschte Konsistenz erreicht haben, Zitronensaft und -abrieb unterheben und die One Pot Pasta mit Salz und Pfeffer abschmecken und sofort servieren.

Impressum

Bibliografische Information der Deutschen Bibliothek.

Die Deutsche Bibliothek verzeichnet diese Publikation in der deutschen Nationalbibliografie.

Detaillierte bibliografische Daten sind im Internet über http://www.d-nb.de/ abrufbar.

EIN BUCH DER EDITION MICHAEL FISCHER

1. Auflage 2017

Layout & Cover: Silvia Keller
Satz: Teresa Mittermaier
Redaktion und Lektorat: Juliane Rottach
Texte und Rezepte: Stefanie Hiekmann
Fotos: Stefanie Hiekmann; Autorenbild: Detlef Heese
Requisiten: Vielen Dank an die Firmen Le Creuset, WMF/ Silit und Berndes für die Unterstützung durch Requisiten

ISBN 978–3–86355–783-6

Printed in Slovakia

www.emf-verlag.de

Über die Autorin

Stefanie Hiekmann ist Journalistin, Buchautorin und Foodfotografin und arbeitet für verschiedene Zeitungen, Magazine und Verlage rund um die Themen Essen, Trinken, Gastronomie und Ernährung.

Saisonale Obst- und Gemüsesorten sowie immer wieder neue Aromenkombinationen mit verschiedenen Kräutern und Gewürzen stehen im Mittelpunkt ihrer Rezeptkreationen, die die Osnabrückerin auch auf ihrem Blog schmecktwohl.de veröffentlicht.

Nach dem großen Erfolg ihres Buches „1 Pot Pasta... basta!" (2016) hat Stefanie Hiekmann nun erneut 30 köstliche Pasta-Rezepte entwickelt, die jeweils in nur einem Topf gekocht werden. Dabei herausgekommen sind neue Lieblingsgerichte wie „One Pot Pasta mit Wassermelone und Tomate", „One Pot Pasta Burger-Style" und „One Pot Pasta mit Rosenkohl, Speck und Sauerkirschen".